Vente du Lundi 29 Avril 1872

MINIATURES

Tableaux, Gouaches

Dessins, Terres Cuites, Objets d'Art

COMPOSANT LA COLLECTION D'UN AMATEUR

EXPOSITION PUBLIQUE

Le Dimanche 28 Avril 1872, Hôtel Drouot, salle n° 4

<table>
<tr><td align="center">Me DELBERGUE-CORMONT
COMMISSAIRE-PRISEUR</td><td align="center">MM. DHIOS ET GEORGE
EXPERTS</td></tr>
</table>

PARIS — 1872

RENOU ET MAULDE

IMPRIMEURS DE LA COMPAGNIE DES COMMISSAIRES-PRISEURS

Rue de Rivoli, 144

CATALOGUE

DE

MINIATURES

Parmi lesquelles figurent des Œuvres de

CHARLIER, FRAGONARD, HALL, MASSÉ, SAINT
VAN ORLEY, ETC.

GOUACHES ET DESSINS

PAR

Baudouin, Willem Baur, Boucher, Caresme, Huet, Larue
Lavreince, Mallet, etc.

TABLEAUX ANCIENS

Un beau Paysage de Salomon RUYSDAËL

TERRES CUITES, PAR CLODION, MARIN, ETC.

Buste de Voltaire, par HOUDON

MEUBLES ET DIVERS OBJETS D'ART

Composant la Collection d'un Amateur

DONT LA VENTE AUX ENCHÈRES PUBLIQUES AURA LIEU

HOTEL DROUOT, SALLE N° 4

Le Lundi 29 Avril 1872

A UNE HEURE ET DEMIE

Me DELBERGUE-CORMONT, Commissaire-Priseur à Paris,
rue de Provence, 8,
Assisté de **MM. DHIOS** et **GEORGE**, Experts, rue Le Peletier, 33.

EXPOSITION PUBLIQUE

Le Dimanche 28 Avril 1872, de 1 heure à 5 heures.

PARIS — 1872

CONDITIONS DE LA VENTE

Elle sera faite au comptant.

Les Acquéreurs paieront, en sus des adjudications, CINQ POUR CENT, applicables aux frais.

DÉSIGNATION

MINIATURES

1 — CHARLIER. Vénus couchée sur un dauphin. ————

2 — CHARLIER. Baigneuse assise sur un rocher, elle a un pied dans l'eau et quitte ses vêtements. ————

3 — FRAGONARD. L'Amour découvrant l'Innocence. Miniature sur ivoire de forme ronde. Cercle en or ciselé. ————

4 — FRAGONARD. Tête de jeune garçon. Miniature de forme ronde, cercle en or. ————

5 — GARNEREY. Buste de jeune Créole, en profil. Signé Garnerey pt. Cercle en doublé d'or, fond en écaille. ————

6 — HALL. Jeune Garçon tenant un petit chien dans les bras. Sa physionomie est souriante. Il est coiffé d'un chapeau de paille orné de rubans. Cercle en or avec nœud de rubans. ————

7 — HALL. Jeune Fille coiffée d'un chapeau de paille garni de fleurs. Robe de soie verte décolletée avec fichu de mousseline. Cadre en cuivre doré, finement ciselé. ————

8 — HALL. Portrait de jeune Femme, cheveux poudrés. Roses au corsage et dans la coiffure. Miniature de forme ronde. Cercle en or, surmonté d'un nœud de rubans. ————

9 — LAVREINCE. Conte de Boccace. Cercle en or de plusieurs couleurs, avec nœud de rubans en argent
doré. Provenant de la vente Tondu. ————

10 — MASSÉ (J.-B.). Jeune Femme avec cheveux poudrés,
les mains croisées, robe bleue; ruban bleu autour du cou. Cercle en or, époque Louis XV. ————

11 — MASSÉ. Portrait d'homme, en buste, de face, cheveux poudrés, cuirassé et décoration du Saint-
Esprit. Époque Louis XV. Cercle en or. ————

12 — SAINT. Jeune Femme coiffée en cheveux. Robe
blanche décolletée. Belle miniature de forme
ovale signée Saint. Cercle en argent doré. ————

13 — ORLEY (Richard van). Cléopâtre dans son palais.
Grande miniature sur vélin. ————

14 — ORLEY (Van). Portrait d'homme, de face à mi-corps;
longue perruque, armure et manteau rouge.
Miniature ovale du temps de Louis XIV, provenant de la vente Laperlier. ————

15 — VILLERS. Portrait de jeune Femme représentée à
mi-corps, tenant un cahier de musique. Miniature de forme ronde. Signée et datée 1782. ————

16 — Alliance de Jacob et de Laban. Miniature à l'huile
d'une extrême délicatesse d'exécution, d'après
le tableau de PIETRE DE CORTONE. Cadre en cuivre
doré avec nœud de rubans. Époque Louis XVI. ————

17 — Paysage avec cavalier sur une route. Petite gouache, par LOUTHERBOURG. ————

18 — La Vierge et l'Enfant-Jésus. Belle et grande miniature sur ivoire. École italienne XVIᵉ siècle. Cadre
en bois sculpté et doré. ————

19 — Portrait de Femme en buste, coiffure à la Marie-
Stuart, collerette à fraise. Petite peinture sur
cuivre de l'École française du XVIᵉ siècle. ————

20 — Portrait de Femme, en buste, corsage noir, large fraise autour du cou. Petite peinture sur bois, XVIᵉ siècle.

21 — Portrait de Femme avec voile de veuve. Peinture sur cuivre de l'École vénitienne, XVIᵉ siècle.

22 — Portrait de Femme de trois quarts, en buste, costume du XVIᵉ siècle. Peinture à l'huile sur bois, école de Clouet.

23 — Portrait de jeune Femme en élégant costume d XVIᵉ siècle, collier de perles à pendants, collerette de guioure, robe noire brodée d'or. Petite peinture sur cuivre, forme ovale, XVIᵉ siècle.

24 — Buste de Sainte. Miniature ovale dans un cadre en argent et de forme ondulée, ciselé à dentelures et chaînette, fond d'écaille, époque Louis XIII. (Provenant de la vente de Caumont Laforce.)

25 — Portrait d'homme, en buste. Cheveux ras, moustache et barbiche grisonnantes. Costume noir. Petite peinture à l'huile sur écaille, d'un fort beau caractère. École espagnole du XVIIᵉ siècle.

26 — Portrait d'homme avec armoirie, miniature de forme ovale. Époque Louis XIII.

27 — Fête de jeune femme. Peinture sur cuivre. Époque Louis XIII.

28 — Tête de chevalier de Malte. Peinture sur cuivre. Époque Louis XIII.

— 29 — Tête de jeune seigneur avec armoiries. Peinture sur cuivre. Époque Louis XIII.

30 — Jeune femme représentée en Madeleine, un livre à la main. Fond de paysage. Miniature sur vélin. Époque Louis XIV.

31 — Jeune femme vue en buste avec perles dans les cheveux, forme ovale, cercle en or. Époque Louis XIV.

32 — Portrait d'homme à longue perruque, cuirasse, vêtement bleu. Époque Louis XIV.

33 — L'Amour et Psyché. Peinture sur émail, d'après Coypel. Cercle en or. Époque Louis XIV.

34 — Actrice dans le rôle de Fanchon la vielleuse. Époque Louis XV.

35 — Vénus et l'Amour. Jolie miniature gouachée sur vélin, dans le goût de BOUCHER. Cercle en argent doré. Époque Louis XV.

36 — Deux jeunes filles près d'un ruisseau. Miniature peinte sur ivoire, dans le goût de BOUCHER. Cercle en argent doré.

37 — Madame de Pompadour en robe bleue à ruches, le bras gauche appuyé sur une sphère. Perles dans les cheveux et autour du cou. Époque Louis XV.

38 — Jeune femme en costume vénitien. Tricorne sur la tête, cheveux poudrés, mante de dentelle noire. Elle a un éventail à la main. Époque Louis XV.

39 — Stanislas, roi de Pologne, duc de Lorraine, père de Marie Leczinzka, femme du roi Louis XV. Il est revêtu d'une armure avec le cordon du Saint-Esprit en sautoir.

40 — Jeune femme poudrée avec fleurs dans les cheveux et au corsage. Ruban bleu autour du cou. Époque Louis XV. Cercle en or, avec nœud de rubans.

41 — Jeune fille, les bras nus et la gorge à demi décou-
verte, tenant un cahier de musique. Miniature
ovale, cadre en cuivre doré avec nœud de
rubans. Époque Louis XV. ——————— 120

42 — Vénus faisant prendre un bain à l'Amour. Miniature ronde. Cercle en argent doré. Époque
Louis XV.

43 — Jeune femme prenant un bain de pieds; l'Amour
est auprès d'elle. Époque Louis XV. ———

44 — Jeune femme étendue sur un lit de repos, miniature dans la manière de BOUCHER. Époque
Louis XV.

45 — Jeune garçon tenant une carte à la main, cheveux
poudrés, habit bleu. Cadre en doublé d'or avec
nœud de rubans en or. Époque Louis XV. ——— 100

46 — Portrait d'une Princesse de la maison de Savoie,
cheveux poudrés. Très-petite miniature de forme
ovale. Époque Louis XV. Cercle en or. ———

47 — Jeune femme couchée. Fond de paysage. Miniature ovale. Époque Louis XV. ———

48 — Jeune fille tenant un livre à la main, fleurs dans
les cheveux et au corsage, époque Louis XV.
Cercle en or surmonté d'un nœud de rubans. ———

49 — Jeune fille poudrée avec fleurs dans les cheveux
et au corsage. Cercle d'argent doré, époque
Louis XV.

50 — Portrait de jeune femme, de face et en buste, époque Louis XV. Cercle en or et nœud. ———

51 — Vase de fleurs et fruits sur une table de marbre.
Peinture sur émail de forme ovale. Cercle en or
avec nœud de rubans, époque Louis XVI.

52 — Bouquet de fleurs dans un vase, émail du temps de Louis XVI. Cercle en or avec nœud de rubans.

53 — Deux jeunes filles badinant avec l'Amour, fond de paysage, miniature ronde. Cercle en or ciselé avec nœud de rubans en argent doré, époque Louis XVI.

54 — Jeune femme poudrée jouant de la harpe, miniature de forme ronde, époque Louis XVI.

55 — Portrait de femme, cheveux poudrés, ruban mauve dans le bonnet. Corsage de soie et fichu de gaze, époque Louis XVI.

56 — Joseph et Putiphar, cadre d'argent doré, époque Louis XVI.

57 — Portrait de femme, cheveux poudrés ; robe et ruban de couleur mauve. Miniature ovale du temps de Louis XVI. Cercle en or à nœud de rubans.

58 — Portrait de jeune femme, cheveux poudrés ; perles dans la coiffure et sur la poitrine, époque Louis XVI. Cercle en or avec nœud de ruban.

59 — Tête de jeune femme poudrée, avec rubans bleu et blanc dans les cheveux. Cercle en or avec demi-perles d'émail blanc, époque Louis XVI.

60 — Tête de jeune femme avec rubans bleus dans les cheveux, vue de face et la tête légèrement inclinée sur l'épaule. Cercle en argent doré, époque Louis XVI.

61 — Le Serment d'amour, jolie miniature en grisaille sur ivoire, d'après la composition de Fragonard et signée *De Burman*. Cercle en or avec nœud de rubans, époque Louis XVI.

62 — Portrait du peintre Greuze (grisaille). Ce portrait a été gravé. Cercle en argent doré.

63 — Portrait de Marie Leczinska, femme de Louis XV, en costume polonais. Cadre en argent doré.

64 — Miniature représentant mesdames Adélaïde, Louise et Sophie, filles du roi Louis XV et de Marie Leczinska.

65 — Portrait du roi Louis XV. Cadre en cuivre doré, à festons, fleurs et rubans.

GOUACHES, AQUARELLES, DESSINS, PASTELS

66 — CARMONTEL. Tête de jeune garçon, en profil; dessin à la mine de plomb. Cadre en cuivre doré.

67 — BAUDOUIN. Les Amants surpris. Composition gravée (Gouache).

68 — Le Rendez-vous. Composition gravée (Gouache).

69 — BAUDOUIN. L'Entrée au bain. Composition gravée (Pastel).

70 — La Sortie du bain. Composition gravée (Pastel de forme ovale).

71 — Le Bain de pied. Composition gravée (Pastel).

72 — Jeune Femme couchée. Composition gravée. (Pastel).

73 — BAUR (Willem). Prédication de Jésus-Christ. Une foule immense échelonnée sur le rivage est attentive à la prédication de Jésus debout à l'arrière d'une barque. Cadre en écaille. ——

74 — BAUR (Willem). Baptême de Jésus-Christ par saint Jean. Multitude de petites figures sur le bord du fleuve. Cadre en écaille.

75 — BAUR (Willem). Scène de chevalerie. De nombreux personnages environnent un tombeau devant lequel se prosterne un chevalier. Bouquets d'arbres au second plan et montagne dans le lointain. Cadre en écaille.

76 — BOUCHER (François). Dessin exécuté pour les Contes de Boccace. La gravure est jointe. (Sepia d'une belle facture.)

77 — BOUCHER (François). Cour de ferme. Dessin aux deux crayons signé et daté 1751.

78 — CARESME. Baigneuses (Gouache). Signé et daté 1767. ——

79 — CARESME (Ph.). Offrande à Priape (Gouache). Signée et datée de 1780.

80 — CARESME. Nymphe surprise par un satyre. Signée et datée de 1779.

81 — FREUDEBERG. Les Joueurs de tonneau. Dessin colorié, cadre Louis XVI finement sculpté. ——

82 — HUET (J.-B.). Le Retour du marché. Dessin à plusieurs crayons. Signé et daté 1776. ——

83 — ID. Moutons. Dessin à l'encre de Chine. Signé et daté 1775.

84 — ID. Moutons. Dessin à l'encre de Chine. Signé et daté 1775.

85 — ID. Vache et Moutons. Dessin à l'encre de Chine. Signé et daté 1775.

86 — HUET (J.-B.) Moutons. Dessin à l'encre de Chine. Signé et daté 1775.

87 —   ID.   Trophée. Dessin à la sanguine.

88 —   ID.   Trophée. Dessin à la sanguine.

89 —   ID.   Trophée. Dessin à la sanguine.

90 —   ID.   Trophée. Dessin à la sanguine.

91 — LARUE. Offrande à l'Amour. Plume et encre de Chine.

92 — LAVREINCE. La Bonne fête (Gouache). La signature effacée a été refaite et sans l'orthographe du nom.

93 — MALLET. Consultation de médecin. (Gouache).

94 — ÉCOLE FRANÇAISE. Scène pastorale. (Gouache dans un cadre Louis XV, richement sculpté et doré).

95 — Paysage. Campagne boisée arrosée par une rivière Gouache dans le genre de VAN BLAREMBERG. Cadre en bois doré, époque Louis XVI.

96 — Le Pont de bois, pendant du précédent. Cadre bois doré, époque Louis XVI.

97 — Armoiries de Charles Touvenot, notaire royal. Bon travail de calligraphie du temps de Louis XIV.

TABLEAUX |ANCIENS

—

BILCOQ

98 — Le Croc-en-jambe.

Petit tableau de forme circulaire.

BREUGHEL DE VELOURS

99 — Canal de Hollande sillonné de barques.

A droite, une entrée de village ; massifs d'arbres dans le lointain. Fine production du maître. Cadre en écaille.

BREUGHEL DE VELOURS

100 — Village de Hollande : Scène de pêche.

Cadre en ébène.

DROUAIS

101 — Portrait de jeune Fille.

En buste, de face, cheveux poudrés, ruban rose autour du cou ; corsage rose avec gorgerette en dentelle.

FRANCK ET VAN KESSEL

102 — Au milieu d'une couronne de fleurs peinte par
Van Kessel est représentée l'Adoration des Ber-
gers, due au pinceau de F. Franck.

Très-petit tableau d'une extrême finesse d'exécution.

MEULEN (Van der)

103 — L'Escarmouche.

Des fantassins, embusqués sur la lisière d'un bois, attaquent
des cavaliers. On aperçoit une ville à droite, dans le lointain.

RAGUENET

104 — Vue de Paris; le Pont-Neuf et le quai du Louvre.

Daté de 1757.

RUYSDAEL (Salomon)

105 — Rivière de Hollande.

Sur le premier plan, au pied d'un bouquet de grands arbres
qui occupe toute la partie gauche de la composition, barque de
pêcheurs jetant leurs filets et groupe de cinq villageois sur la
rive. A droite, un batelier passe dans son bac plusieurs per-
sonnes et quatre vaches. Dans le lointain, un village au bord de
la rivière. Ciel nuageux. — Superbe tableau du maître. Cadre en
ébène à moulures.

SCHALL

106 — Scène d'intérieur, époque Louis XVI.
Composition gravée.

SCHALL

107 — L'Indiscret.

TENIERS (David)

108 — Scène villageoise.
Trois paysans font la conversation devant une cabane sous la porte de laquelle on voit une femme. Un quatrième personnage est arrêté au bord de la route.
Petit tableau d'une gamme argentée.

TENIERS

109 — Scène de Bohémiens.

WYNANTS

110 — Paysage.
Deux villageois cheminent sur une route dans un site accidenté. Au second plan, des bestiaux paissent au pied d'un monticule sablonneux.

OBJETS D'ART

111 — **Baveret** (P.). Haut-relief en bronze ciselé et doré, représentant De Voyer d'Argenson, conseiller d'État, lieutenant général de police sous la Régence.

Riche encadrement à fronton à devise, corne d'abondance, attributs et armoiries.

Signé : *P. Baveret fecit.*

112 — **Houdon**. Buste de Voltaire, terre cuite, signée et datée 1778.

113 — **Clodion**. Sacrifice à Priape. Bas-relief en terre cuite. Provenant de la vente Tondu.

114 — **Clodion**. Offrande à l'Amour. Bas-relief en terre cuite provenant de la vente Tondu.

115 — **Clodion**. Offrande au dieu Priape. Bas-relief en terre cuite de forme ovale.

116 — **Duquesnoy**, DIT **François Flamand**. Bas-relief en bronze fondu à cire perdue, représentant des enfants jouant avec une chèvre. Cadre en noyer.

117 — **Duquesnoy**, DIT **François Flamand**. Lutte d'Amours. Bas-relief modélé en cire blanche.

118 — **Marin**. Jeune Femme soutenant un enfant assis sur le dos d'un petit Faune. Bas-relief en terre cuite, forme ronde.

119 — **Marin.** Petit Faune dansant et jeune femme jouant de la flûte. Bas-relief en terre cuite, forme ronde.

120 — Buste en terre cuite, portrait de Louis XVII.

121 — Ivoire sculpté. Personnage du temps de Louis XIV, de profil et en buste. Petit bas-relief de forme hexagonale, signé des initiales M. M.

122 — Ivoire sculpté représentant un personnage hollandais de trois quarts, à mi-corps et enveloppé dans un manteau. Bas-relief ovale. Travail du temps de Louis XIV.

123 — Tabatière, forme coquille, en ivoire sculpté, à figures et ornements époque Louis XIV. Provenant de la collection Debruge.

124 — Diane et Actéon. Repoussé sur cuivre doré, de la plus grande finesse. Cadre en écaille et ornements d'applique en bronze. Travail du xvie siècle. Provenant de la Collection Debruge.

125 — La Déesse Hygie. Repoussé sur cuivre d'une grande finesse d'exécution. Travail du xvie siècle provenant de la Collection Debruge.

126 — Tabatière en écaille brune ornée d'une miniature : Jeune Fille et l'Amour dans le goût de Boucher. Cercle en or.

MEUBLES

—

127 — Un Meuble renaissance à deux corps en bois de noyer sculpté.

128 — Grande et belle Pendule à musique en vernis Martin avec son socle support, ornements d'appliques en bronze ciselé et doré, époque Louis XV.

129 — Deux grandes Bergères en bois sculpté, rechampi or et blanc, couvertes en tapisserie à la main.

130 — Meuble très-riche en bois de noyer sculpté, composé de deux bergères, quatre fauteuils, six chaises, quatre tabourets et deux tabourets de pied, style Louis XIV.

131 — Baromètre et Thermomètre du temps de Louis XIV, par *Cleret* de Rouen.

132 — Deux Bibliothèques en bois rose, époque Louis XVI.

133 — Un Meuble d'entre-deux à trois portes en marqueterie.

134 — Un lot de tapisseries à la main, fleurs sur fond gris et marron.

Renou et Maulde, imprimeurs de la Compagnie des Commissaires-Priseurs, rue de Rivoli, 144.   19680